Inge Walz · Makramee-Ideen fürs Heim · Frech-Verlag Stuttgart

Sisalreif mit Herbstgesteck

(Foto des ganzen Reifs: 1. Umschlagseite)

Material:
77 m Sisal, 4 bis 5 mm ∅
je 1 Metallring 15, 30, 45 cm ∅

Zuschnitt:
1 Faden à 13,50 m
1 Faden à 8,50 m
22 Fäden à 2,50 m

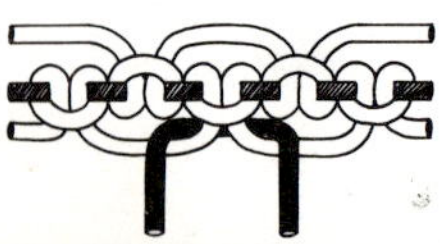

Arbeitsanleitung:

1) Den 13,50 m langen Faden am großen Metallring einhängen und den Ring mit 109 Schlingenknoten gegenseitig im Wechsel umknüpfen (54 Ösen an der Innenseite). Fadenenden zusammenknoten.

2) Mit dem 8,50 m langen Faden den Ring 30 cm ∅ wie 1) umknüpfen (jedoch insgesamt 65 Schlingenknoten gegenseitig = 32 Ösen an der Innenseite).

3) Zu beiden Seiten hin am großen Metallring je 5 Ösen frei lassen. In die restlichen 44 Ösen die 22 Fäden à 2,50 m einhängen.

4) 9 Bänder à 2 Weberknoten, versetzt darunter 1½ bzw. 1 Weberknoten ausführen. Mit den restlichen 4 Fäden auf jeder Seite 1 Weberknoten arbeiten (s. Detailfoto). Die Knüpffäden durch je eine Öse des umknüpften Ringes 30 cm ∅ ziehen, Leitfäden hinter dem Ring durchziehen.

5) Versetzt darunter 11 Weberknotenbänder wie folgt ausführen: Anzahl der Knoten von links nach rechts: 3 – 5 – 6 – 7 – 8 – 8 – 8 – 7 – 6 – 5 – 3.

6) An den Metallring 15 cm ∅ folgende Weberknotenbänder mit Rippenknoten anknüpfen: Band 2 – 4 – 6 – 8 – 10 (von links nach rechts). Fäden zum unteren Rand des kleinen Ringes spannen und mit Rippenknoten befestigen.

Knüpfarbeit umdrehen und auf der Rückseite weiterknüpfen.

Aus je 4 Fäden ein Band à 2 Weberknoten fertigen (5 Bänder). Knüpffaden durch je eine Öse des 30-cm-∅-Ringes ziehen, Leitfäden spannen. Weberknotenbänder um je 2 weitere Knoten verlängern. Knüpffäden durch die noch freien 10 Ösen des größten Ringes ziehen. Aus je 4 Fäden einen Weberknoten arbeiten und die Enden mit Überhandknoten versehen. Hinter dem kleinsten Ring die restlichen 6 Weberknotenbänder mit 2 Reihen versetzter Weberknoten zusammenknüpfen. Enden mit Überhandknoten versehen.

DM 2,15 Ring 45 ∅
DM " 30 ∅
DM 1,10 " 15 ∅

Jutegarn 6,0 ∅ 130 ~~62m~~ = ~~DM 3,75~~ = ca 12,–

Material:
152 m Makrameegarn,
5 mm ∅
4 Stäbe, 35 cm lang
mit je 2 Kugeln
1 Ring, 5 cm ∅
Zuschnitt:
4 braune Fäden à 5 m
32 braune Fäden à 1,90 m
32 beige Fäden à 1,90 m
16 goldfarbene Fäden
à 1,90 m
Arbeitsanleitung:
1) An jedem Stab die Fäden à 1,90 m in folgender Reihenfolge in Doppelaufhängung befestigen: 4 braune – 2 goldfarbene – 8 beige – 2 goldfarbene – 4 braune.
2) Aus je 4 Fäden 2 Weberknoten untereinander knüpfen. Versetzt darunter eine Weberknotenreihe.
3) Punkt 2) 4 mal wiederholen.
4) Zusammenknüpfen der Körbchen (Fadenenden innen): Je 2 Fäden der Vorder- und Rückseite mit einem Weberknoten verbinden und jeweils 2 Fäden mit einem Überhandknoten versehen. Fäden fest anziehen und abschneiden.
5) Aufhängung: Am Holzring die restlichen 4 Fäden einhängen. Aus je 2 Fäden ca. 30 cm Kettknoten arbeiten und neben jeder Kugel des oberen Körbchens durch den 1. Weberknoten durchziehen. Weitere 20 cm Kettknoten knüpfen und wie am 1. Körbchen befestigen. Mit je einem Überhandknoten schließen.

Zeitungshänger

Höhe 68 cm

Zeitungsständer

Material:
1 Gestell, Maße pro Feld 40 × 22 cm
103 m rostfarbenes Makrameegarn,
3 bis 3,5 mm ∅
167 m beiges Makrameegarn,
3 bis 3,5 mm ∅
Zuschnitt:
32 beige Fäden à 3,60 m
32 beige Fäden à 1,60 m
2 rostfarbene Fäden à 11,80 m
1 rostfarbener Faden à 12,50 m
1 rostfarbener Faden à 7,50 m
24 rostfarbene Fäden à 1,20 m
6 rostfarbene Fäden à 5,00 m

Arbeitsanleitung:
1) Muster pro Feld: 1 rostfarbenen Faden à 11,80 m doppelt legen und an der linken unteren Ecke, neben einem Fuß, am Gestell einhängen.
3 Seiten des Rahmens mit Schlingenknoten gegenseitig im Wechsel umknüpfen, so daß an den beiden senkrechten Stäben je 15 und am oberen Querstab 32 Ösen sind. An der rechten unteren Ecke das Schlingenknotenband bis zum Fuß auf der Rückseite fortsetzen.
2) Am oberen Querstab je 16 beige Fäden à 3,60 und 1,60 m abwechselnd in die 32 Ösen einhängen.
3) 1 waagrechte Weberknotenreihe knüpfen, dabei unbedingt die langen Fäden als Knüpf- und die kurzen Fäden als Leitfäden verwenden. Leitfäden spannen und mit je 2 nebeneinanderliegenden Knüpffäden einen Überhandknoten arbeiten.
4) Punkt 3) 13 mal wiederholen und eine zusätzliche Weberknotenreihe ausführen. Alle Fäden mit Rippenknoten am unteren Querstab anknüpfen. Rückseite genauso knüpfen. Bis zur Mitte des Bodens versetzte Weberknoten arbeiten, dabei jeweils am Rand durch eine Öse ziehen.
Abschluß: Alle Fäden auf die Innenseite des Zeitungsständers führen und 2 waagrechte Rippenknotenreihen arbeiten. Dabei an der 1. Rippenknotenreihe nach jedem Knoten einen Faden der anderen Seite durchziehen und mit diesen Fäden die 2. Rippenknotenreihe knüpfen. Jedes Fadenende mit einem Überhandknoten versehen und abschneiden. Alternativabschluß: Abknüpfrippe oder Fransen.
5) Geflochtene Bänder: Mit je 3 gleich langen rostfarbenen Fäden (1,20 m und 5 m) Bänder flechten und diese wie auf dem Foto in das Feld einziehen. Enden auf der Rückseite vernähen oder ankleben.
6) Tragegriff umknüpfen: Von links beginnend; an jedem der beiden Füße einen Faden ankleben (1 mal 12,50 m, am anderen Fuß 7,50 m) und die beiden Stäbe umwickeln. Am oberen Querstab den kurzen Faden spannen und mit dem langen Faden den Stab sowie den gespannten Faden mit Schlingenknoten umknüpfen. Fäden wieder teilen und Längsstäbe umwickeln – an den Füßen ankleben.

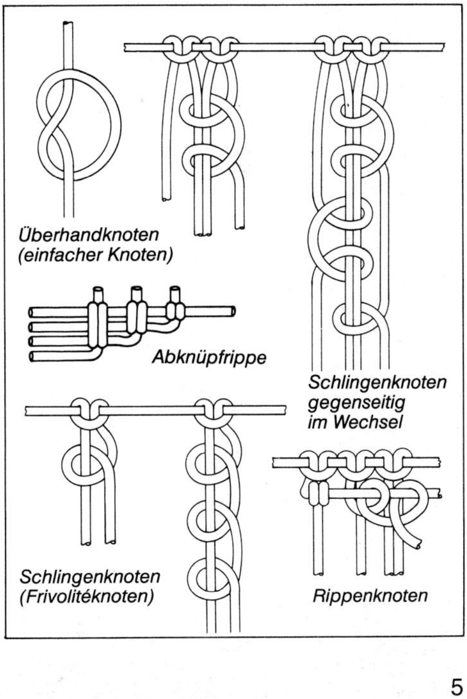

Zeitungsständer

Material:
1 Gestell, Maße pro Feld 40 × 22 cm
115 m melierte Webwolle
Zuschnitt:
4 Fäden à 2,80 m — 2 Fäden à 7,50 m
36 Fäden à 2,40 m — 1 Faden à 2,00 m

Arbeitsanleitung:
1) Muster pro Feld: An den oberen Ecken je einen Faden à 2,80 m einhängen. Stäbe mit Schlingenknoten gegenseitig im Wechsel umknüpfen. Dazwischen 18 Fäden à 2,40 m doppelt legen und am Querstab einhängen.
2) 2 Reihen versetzte Weberknoten aus je 4 Fäden knüpfen, dabei jeweils den äußeren Faden am umknüpften Rand durch eine Öse ziehen. 3. Weberknotenreihe von links nach rechts: 1 Knoten – 4 Fäden hängenlassen – 2 Knoten – 4 Fäden hängenlassen – 2 Knoten – 4 Fäden hängenlassen – 1 Knoten. Außenfäden am Rand durch eine Öse ziehen.
3) Muster pro Raute aus je 12 Fäden: Jeweils mit den beiden mittleren Fäden einen halben Rippenknoten (1 mal schlingen) arbeiten. Diese beiden Fäden als Leitfaden für je eine Rippenknotenreihe schräg nach außen verwenden (je 5 Knoten). Die angefangene mittlere Raute wird mit den beiden äußeren Rauten verbunden, indem man diese Leitfäden unter den Leitfäden der beiden äußeren Rauten durchzieht. Am Rand den Leitfaden jeweils durch eine Öse am Stab ziehen. Mit den mittleren 10 Fäden je einen Weberknoten (2 Knüpf-, 8 Leitfäden) ausführen. Rauten mit je einer Rippenknotenreihe schräg zur Mitte hin schließen.
4) Weberknotenmuster von Punkt 2) gegengleich wiederholen. Fäden mit Rippenknoten am unteren Querstab anknüpfen.
5) Boden: Mit einem langen Leitfaden parallel zum unteren Querstab eine Rippenknotenreihe arbeiten.
Anderes Feld genauso knüpfen.
Abschluß: Die beiden Rippenknotenreihen am Boden mit einer Abknüpfrippe zusammenhalten.
Alternativabschluß: Jeweils einen Faden der vorderen und hinteren Rippenknotenreihe mit einem Überhandknoten zusammenhalten. Fransen ca. 4 cm.
6) Tragegriff: Rechts unten an jedem der beiden Stäbe einen Faden 7,50 m doppelt legen und einhängen. Stäbe ca. 20 cm mit Schlingenknoten gegenseitig im Wechsel umknüpfen. Beide Stäbe mit Weberknoten (2 Knüpf-, 2 Einlagefäden) umknüpfen. In der Bügelmitte die Fäden austauschen und Weberknotenband fortsetzen, bis von den Stäben noch ca. 20 cm unbeknüpft sind. Fäden teilen und die restlichen 20 cm mit Schlingenknoten gegenseitig im Wechsel umknüpfen. Mit den Fadenenden die Füße umwickeln und ankleben (evtl. Restfäden verwenden).
In der Mitte des Tragegriffes mit dem 2 m langen hellen Faden 8 Weberknoten arbeiten. Fadenenden einziehen.

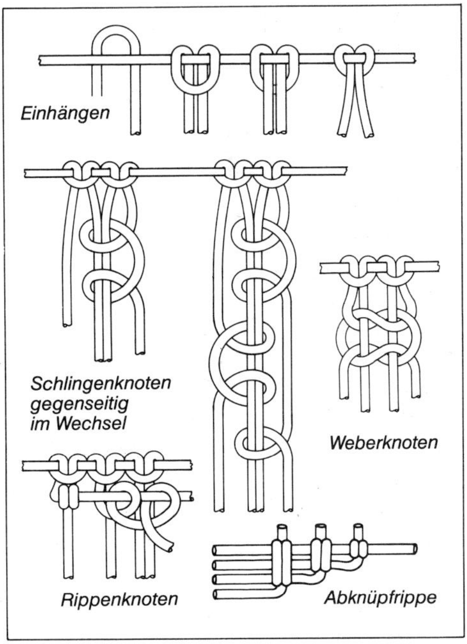

Material:
57 m Makrameegarn, 6 bis 7 mm, beige
29 m Makrameegarn, 6 bis 7 mm, grün
1 Spiegel, 30 bis 35 cm ∅
Zuschnitt:
22 grüne Fäden à 1,30 m
44 beige Fäden à 1,20 m
1 beiger Faden à 1,50 m (Leitfaden)
1 beiger Faden à 2,50 m (Leitfaden)

Arbeitsanleitung:

1) 11 grüne Fäden doppelt legen und am 1,50 m langen Leitfaden einhängen. Dazwischen je 4 beige Fäden in Doppelaufhängung befestigen.

2) Die restlichen 11 grünen Fäden jeweils mit einem Weberknoten an den bereits eingehängten grünen Fäden anknüpfen. Mit je einem beigen mittleren Faden als Leitfaden eine Rippenknotenreihe schräg zu den grünen Fäden hin arbeiten (4 Rippenknoten – 3 beige, 1 grüner). Mit je einem beigen Faden von links und rechts einen Weberknoten über die beiden mittleren grünen Leitfäden knüpfen. Unterhalb der 1. Rippenknotenreihe eine weitere Reihe ausführen (2 beige, 1 grüner, 1 beiger Rippenknoten). Mit den beiden Leitfäden wieder einen Weberknoten über die grünen Fäden arbeiten. Jeweils mit den mittleren 4 beigen Fäden einen Weberknoten fertigen.

3) Je einen Knüpffaden des 2. beigen Weberknotens für eine schräge Rippenknotenreihe verwenden (1 beiger, 1 grüner, 2 beige Rippenknoten). Mit den 2 beigen Fäden den 3. beigen Weberknoten über die grünen Leitfäden ausführen. Die Knüpffäden als Leitfäden für eine weitere Rippenknotenreihe verwenden, dabei den Leitfaden der vorhergehenden Rippenknotenreihe mit anknüpfen (1 grüner, 3 beige Rippenknoten). Unter die 3 beigen Weberknoten einen grünen Weberknoten arbeiten.

4) Alle Fäden mit Rippenknoten am 2,50 m langen Leitfaden anknüpfen. Fäden abschneiden und ausfransen.

5) Den Spiegel an die Rückseite anlegen und mit gespannten Fäden befestigen.

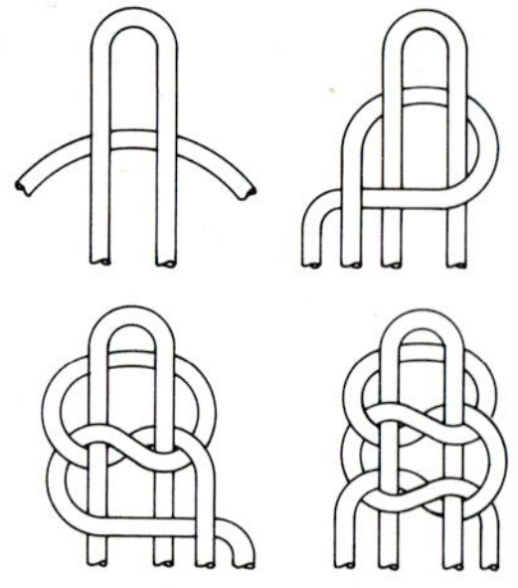

Einhängen von Fäden mit einem Weberknoten

Spiegelrahmen

Papierkorb

Material:

1 Waschmitteltonne, 23 cm ∅, 34 cm hoch
116 m Makrameegarn, 5 mm ∅
18 Holzoliven, 2 cm lang
72 Holzperlen, ca. 8 bis 10 mm ∅
1 Holz- oder Metallring, 22 cm ∅

Die leere Waschmitteltonne vorher mit Rupfen, Folie oder Stoff bekleben und nach Fertigstellung der Knüpfarbeit innen mit Folie ausschlagen.

Zuschnitt:

36 Fäden à 3,20 m   1 Faden à 0,80 m

Arbeitsanleitung:

(Von oben nach unten knüpfen!)

1) Alle 3,20 m langen Fäden am Ring in Doppelaufhängung anknüpfen und am oberen Rand der Tonne auflegen.

2) Aus je 4 Fäden 2 Weberknoten fertigen.

3) Versetzt darunter eine Runde Weberknoten. Unterhalb jedem 2. Weberknotenband (von Punkt 2) aus je 4 Fäden 8 Wellenknoten ausführen.

4) Dazwischen Perlmuster aus den restlichen 4 Fäden: die beiden inneren Fäden durch je eine Holzperle ziehen. Jeweils mit dem äußeren Faden, unterhalb der Perle, einen Schlingenknoten gegenseitig ausführen.

Die beiden mittleren Fäden durch eine Olive ziehen, die äußeren Fäden spannen und wieder je einen Schlingenknoten gegenseitig knüpfen (innerer Faden = Leit-, äußerer Faden = Knüpffaden).

Die Leitfäden jeweils durch eine Holzperle ziehen und eine Reihe versetzter Weberknoten fertigen.

5) 9 Runden versetzte Weberknotenbänder aus je 2 Knoten arbeiten.

6) Punkt 3) und 4) wiederholen.

7) Versetzt darunter eine Runde Weberknotenbänder aus je 3 bis 4 Weberknoten ausführen.

8) Boden: Alle Fäden an dem 80 cm langen Leitfaden mit Rippenknoten anknüpfen. Aus je 4 Fäden 3 Weberknoten knüpfen. Knüpffäden mit einem Überhandknoten versehen. Alle Fäden gleich lang abschneiden.

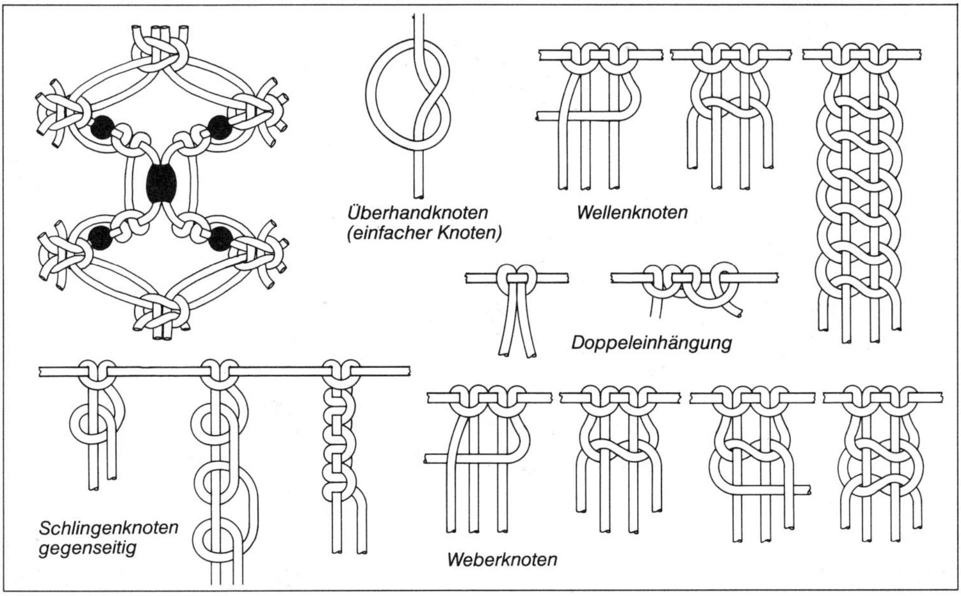

Blumenübertopf

Material:
30 m Makrameegarn, 3,5 mm ∅
1 Holz- oder Metallring, 10 bis 12 cm ∅
12 Holzkugeln, 1,5 cm ∅
24 Holzkugeln, 1 cm ∅
Zuschnitt:
12 Fäden à 1,40 m   12 Fäden à 1,10 m

Arbeitsanleitung:
1) Boden (s. Detailfoto): Einen Faden à 1,40 m zu einer Schlinge legen. Die restlichen 11 Fäden à 1,40 m an dieser Schlinge einhängen. Schlinge fest anziehen und mit einem Rippenknoten zusammenhalten. Mit je 4 Fäden 3 bis 4 Weberknoten knüpfen (insgesamt 6 Bänder). Alle Fäden mit Rippenknoten am Ring anknüpfen. Die restlichen Fäden doppelt legen und dazwischen einhängen.
2) Eine Runde Weberknoten aus je 4 Fäden arbeiten. Die Leitfäden hängen lassen und je 2 nebeneinanderliegende Knüpffäden durch eine Holzkugel, 1,5 cm ∅, ziehen. 2 Runden versetzte Weberknoten.
3) Versetzt darunter 2 Runden Weberknotenbänder aus je 3½ Knoten (je nach Topfhöhe). 2 weitere Runden versetzte Weberknoten. Je 2 Fäden durch eine kleine Holzkugel ziehen, dabei so beginnen, daß jeweils 2 Leitfäden durch eine Kugel gezogen werden, daneben 2 Knüpffäden usw. Kugeln jeweils mit einem Überhandknoten (2 Fäden) festhalten. Fäden nach ca. 1 cm abschneiden.

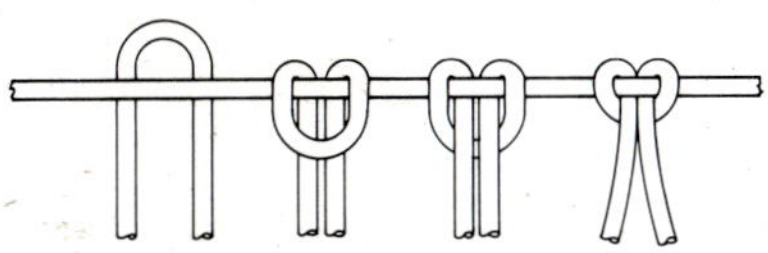
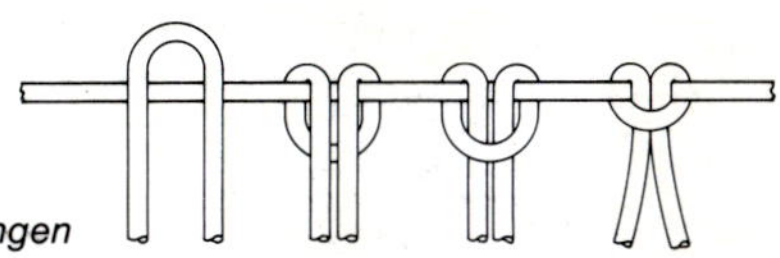
Einhängen

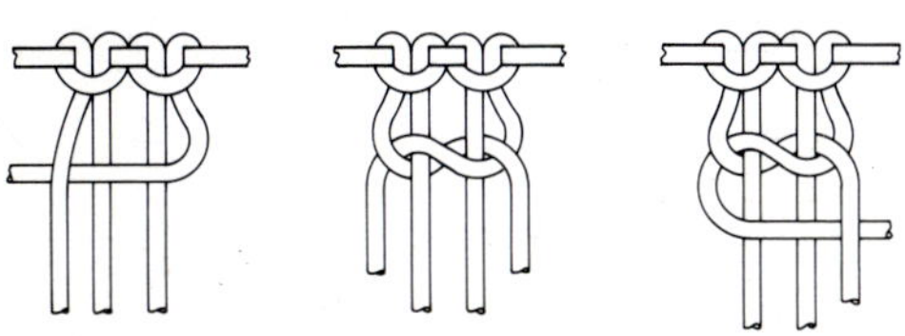
Weberknoten

Überhandknoten

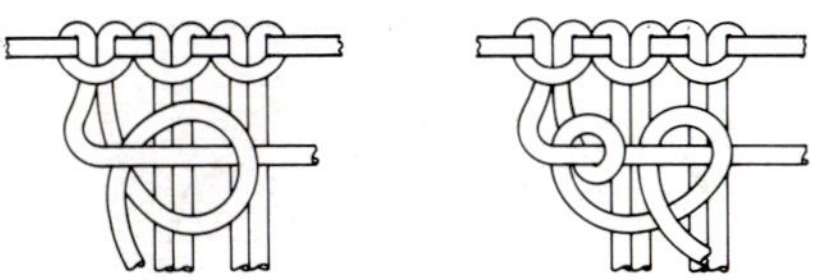
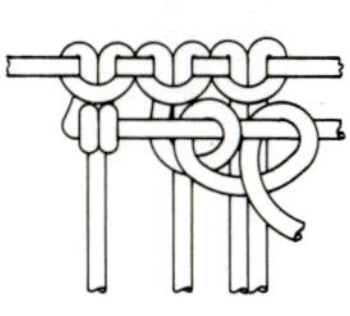
Rippenknoten

Detailfoto des Bodens

Türvorhang

Größe: 1,90 m × 0,90 m

Material:
1 Holz- oder Metallstab, 1 m lang
1 Holzstab, 1 m lang
4 geflammte Holzkugeln, 3,5 bis 4 cm ∅
ca. 100 geflammte Holzkugeln, 2 cm ∅
680 m Viskose, Sisal oder Acrylgarn,
4 bis 5 mm ∅

Zuschnitt:

für den 1. Stab:	für den 2. Stab:
14 Fäden à 15 m	12 Fäden à 14,60 m
12 Fäden à 12 m	13 Fäden à 11,60 m

Arbeitsanleitung:

1) Am Holz- oder Metallstab 26 Fäden in 4fach-Aufhängung in folgender Anordnung befestigen: 7 Fäden à 15 m – 12 Fäden à 12 m – 7 Fäden à 15 m. Über je 2 Fäden eine Holzkugel, 2 cm ∅, aufziehen (insgesamt 26 Kugeln).
Kugeln mit je einem Überhandknoten aus 2 Fäden halten.
Alle Fäden mit Rippenknoten am 2. Stab anknüpfen.

2) Nach 2 angeknüpften Fäden wird 1 neuer Faden à 14,60 m in Doppelaufhängung befestigt.
Die restlichen 24 Fäden in folgender Anordnung einhängen: 5 Fäden à 14,60 m – 13 Fäden à 11,60 m – 6 Fäden à 14,60 m.

3) Je einen neu eingehängten Faden (Doppelaufhängung) als Leitfaden nehmen und darüber schräg nach außen jeweils einen Rippenknoten arbeiten. An jeder Seite bleibt 1 Faden hängen.

4) An jeder Seite mit den äußeren 3 Fäden einen Weberknoten, dazwischen 24 Weberknoten aus je 4 Fäden arbeiten.
Mit den Knüpffäden des Weberknotens über die Leitfäden je einen Rippenknoten fertigen. Leitfaden überkreuzen und einen halben Rippenknoten (1 mal schlingen) ausführen. Über die Leitfäden je einen weiteren Rippenknoten arbeiten.

5) Punkt 4) einmal wiederholen.

6) Eine Reihe Weberknoten knüpfen – an den beiden Außenseiten je einen Knoten aus 3 Fäden, restliche Knoten aus 4 Fäden arbeiten.

7) Randborte: Mit den äußeren 25 Fäden an jeder Seite Rippenknotenmuster von oben fortsetzen. Je eine Reihe Weberknoten aus 23 Fäden knüpfen (insgesamt je 6 Knoten).
Mit je 21 Fäden das Rippenknotenmuster wiederholen.

8) 4 Weberknotenbänder à 3 Knoten mit den äußeren 15 Fäden fertigen (3 Bänder à 4 Fäden, am Rand je 1 Band à 3 Fäden).

9) Punkt 7) und 8) bis zur gewünschten Länge fortsetzen.

10) Nach ca. einem Meter unbedingt die Fäden austauschen, d. h. Leitfäden als Knüpffäden nach außen nehmen.

11) Mittelstück: Wellen- und Weberknotenbänder im Wechsel knüpfen, dabei in beliebiger Höhe die Kugeln einfügen. Jeweils nach einem Weber-, bzw. Wellenknotenband 2 Kettknotenbänder aus 2 Fäden knüpfen.

12) Abschluß: Jeweils 3 bzw. 4 Fäden mit einem Überhandknoten zusammenknüpfen. Evtl. vorher die Fäden der Kettknotenbänder durch eine Holzkugel ziehen. Fäden ausfransen.

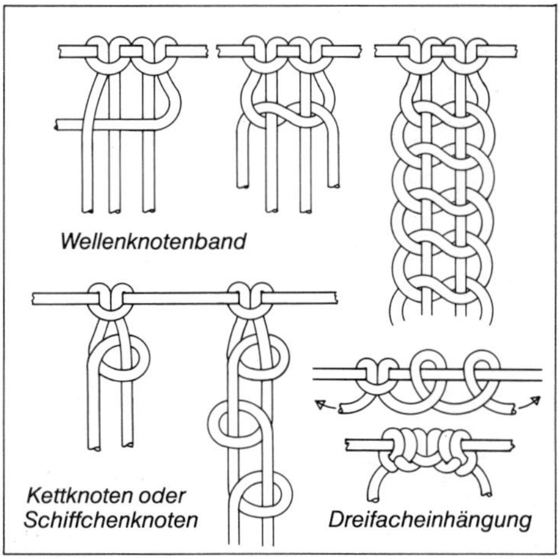

Tischlampe

Material:
1 Lampengestell mit 8 Feldern, 22 cm hoch, unten 28 cm ∅, oben 20 cm ∅
48 Holzperlen, 1 cm ∅
176 m Makrameegarn, 3,5 mm ∅
Zuschnitt:
8 Fäden à 2,80 m
64 Fäden à 2,40 m

Arbeitsanleitung:
1) Umknüpfen der Stäbe: Je einen 2,80 m langen Faden doppelt legen und am oberen Rand anknüpfen (Einhängung am Stab). Stäbe mit Wellenknoten umknüpfen.
2) Muster pro Feld: 8 Fäden à 2,40 m doppelt legen und mit Doppelaufhängung am oberen Rand befestigen.
3) Rippenknotenkreuze aus je 8 Fäden (2 Kreuze nebeneinander): Von jeder Seite den 1. und 8. Faden als Leitfaden nehmen und darüber je 3 Rippenknoten schräg zur Mitte hin arbeiten. Je eine 2. Rippenknotenreihe dicht darunter knüpfen und dabei wieder die beiden Leitfäden mit einem Rippenknoten zusammenknüpfen und von der Mitte schräg nach außen je 2 weitere Rippenknotenreihen arbeiten. Die beiden mittleren Fäden (8. und 9. Faden) mit einem Rippenknoten zusammenknüpfen.
4) Das Muster von Punkt 3) noch 3½ mal wiederholen und dabei im unteren Teil die Perlen einfügen.
5) Alle Fäden mit Rippenknoten am unteren Rand anknüpfen. Eine Runde Überhandknoten aus je 2 Fäden arbeiten. Versetzt darunter eine weitere Runde Überhandknoten ausführen. Fäden nach ca. 4 cm abschneiden und ausfrasen.

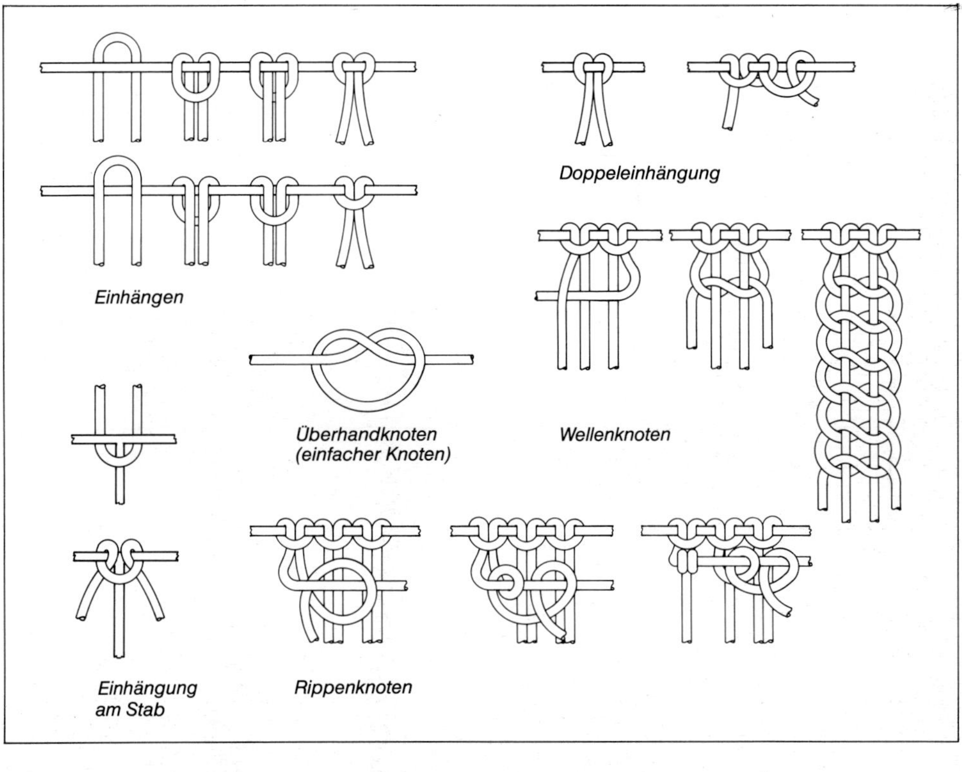

Stehlämpchen
mit roten Perlen

Material:
1 Lampengestell, 23 cm hoch,
oben 11 cm ∅, unten 26 cm ∅
80 m Makrameegarn, beige, 3,5 mm ∅
21 m Makrameegarn, rot, 3,5 mm ∅
112 rote Holzperlen, 0,5 bis 1 cm ∅
Zuschnitt:
16 Fäden beige à 1,20 m
24 Fäden beige à 2,50 m
8 Fäden rot à 2,60 m

Arbeitsanleitung:
1) Umknüpfen der Stäbe: Je einen roten Faden doppelt legen und am Stab einhängen. Stäbe mit Schlingenknoten gegenseitig im Wechsel umknüpfen.
2) Muster pro Feld: 3 Fäden à 2,50 m doppelt legen und am oberen Rand in Doppeleinhängung befestigen. Aus je 3 Fäden 2 Weberknoten arbeiten. An jeder Seite den äußeren Faden durch eine Schlinge am Stab ziehen. Versetzt darunter aus den mittleren 4 Fäden 1 Weberknoten fertigen. Insgesamt 22 Reihen versetzte Weberknoten ausführen, so daß die letzte Reihe mit einem Weberknoten endet.
3) Blüte: An jeder Seite den äußeren Faden durch eine Öse am Stab ziehen, diesen Faden schräg zur Mitte legen und je einen Faden à 1,20 m in Doppeleinhängung daran befestigen. Am gleichen Leitfaden die restlichen beiden Fäden mit Rippenknoten anknüpfen (die Rippenknotenreihe leicht nach oben gebogen ausführen). Jeweils den mittleren Faden durch 1 Kugel ziehen und die 2. Rippenknotenreihe, leicht nach unten gebogen, ausführen (wieder von außen zur Mitte hin arbeiten).
Beide Leitfäden mit einem Rippenknoten zusammenknüpfen und von der Mitte schräg nach außen wieder jeweils 2 gebogene Rippenknotenreihen ausführen, dabei nach der 1. Reihe die Perle einfügen. Beide Außenfäden durch eine Öse am Stab ziehen und mit den mittleren 4 Fäden einen Weberknoten fertigen. Daneben je einen Weberknoten aus 3 Fäden knüpfen. Versetzt darunter 2 Weberknoten aus je 4 Fäden ausführen. Den äußeren Faden jeweils am Rand durchziehen und über diesen Faden schräg zur Mitte 1 Rippenknoten arbeiten (Knüpffaden = danebenliegender Faden). Mit den mittleren 4 Fäden einen Weberknoten, versetzt darunter aus je 4 Fäden 2 Weberknoten ausführen.
Versetzt darunter in der Mitte aus 4 Fäden und an beiden Seiten aus je 3 Fäden einen Weberknoten knüpfen. Alle Fäden mit Rippenknoten am unteren Rand anknüpfen.
4) Mit je 2 beigen Fäden einen Überhandknoten (insgesamt 5 Knoten), versetzt darunter 4 Überhandknoten ausführen. Alle Fäden mit Rippenknoten am Abschlußbogen anknüpfen. Jeden beigen Faden durch eine Perle ziehen und mit einem Überhandknoten abschließen. Fadenenden nach hinten kleben oder ausfransen.
Die roten Fadenenden am Stab überkreuzen, nach hinten nehmen und ankleben.

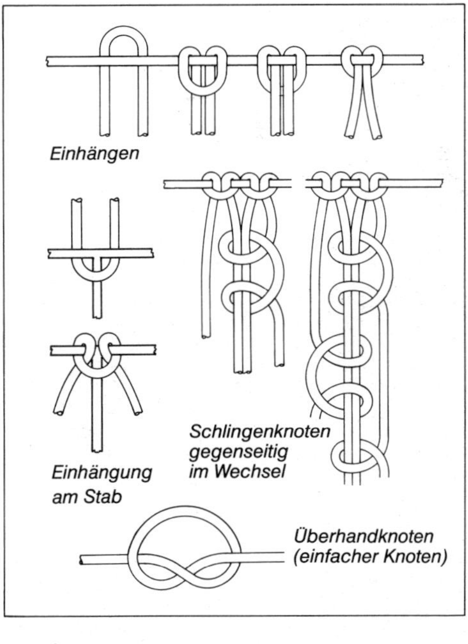

Stehlampe

Material:
1 Lampenschirm mit 8 Feldern, Höhe 40 cm, oben 30 cm ∅, unten 45 cm ∅
118 m braunes Makrameegarn, 5 mm ∅
256 m beiges Makrameegarn, 5 mm ∅
Zuschnitt: 8 braune Fäden à 6,50 m
8 braune Fäden à 6,20 m
8 braune Fäden à 2,00 m
48 beige Fäden à 4,50 m
16 beige Fäden à 2,50 m

Arbeitsanleitung:
1) Umknüpfen der Stäbe: Je einen 6,50 m langen Faden doppelt legen und am Stab einhängen. Stäbe mit Schlingenknoten gegenseitig im Wechsel umknüpfen.
2) In der Mitte einen braunen Faden à 6,20 m doppelt legen und mit Doppeleinhängung am oberen Ring anknüpfen. Rechts und links davon je 3 beige Fäden genauso befestigen.
3) Mit den äußeren 4 beigen Fäden an jeder Seite einen Weberknoten arbeiten.
In der Mitte einen Weberknoten aus 2 Knüpf- und 4 Leitfäden ausführen. Die beiden Knüpffäden des Weberknotens als Leitfäden für je eine Rippenknotenreihe schräg nach außen verwenden. Leitfäden hängen lassen und je einen Weberknoten (4 Fäden) knüpfen.
Für die 2. Rippenknotenreihe von der Mitte nach außen, jeweils den beigen Leitfaden des oberen Weberknotens verwenden.
4) Mit den braunen Fäden schräg nach außen je 6 senkrechte Rippenknoten ausführen, am Stab durch eine Öse ziehen, schräg zur Mitte hin fortsetzen.
5) Jeweils mit dem äußeren beigen Faden als Leitfaden eine Rippenknotenreihe schräg zur Mitte hin knüpfen. 1 Weberknoten fertigen und von außen zur Mitte hin eine weitere Rippenknotenreihe arbeiten.
Mit den beiden Leitfäden der 2. Rippenknotenreihe über die 2 braunen Fäden einen Weberknoten fertigen.
6) Von der Mitte schräg nach außen je eine Rippenknotenreihe, je 1 Weberknoten und wieder von der Mitte nach außen eine Rippenknotenreihe ausführen.
7) Punkt 4), 5) und 6) noch 2 mal wiederholen; dabei an der 2. Wiederholung von Punkt 5) (bei der 2. Rippenknotenreihe) über den Leitfaden jeweils einen weiteren beigen Faden à 2,50 m einhängen.
8) Die beiden braunen Fäden spannen und am unteren Rand mit Rippenknoten befestigen. Unter die gespannten Fäden den 2 m langen braunen Faden legen und mit einem Weberknoten anknüpfen.
Zu jeder Seite hin 4 senkrechte Rippenknoten knüpfen. Über die gespannten braunen Fäden mit den danebenliegenden beigen Fäden einen weiteren Weberknoten ausführen. Alle Fäden mit Rippenknoten am unteren Rand anknüpfen.
9) Die beiden äußeren braunen Fäden hinter dem Ring zur Mitte legen und zusammen mit den beiden mittleren Fäden einen Überhandknoten ausführen. Mit je 2 beigen Fäden einen Überhandknoten fertigen. Fäden ausfransen und nach ca. 16 cm abschneiden.

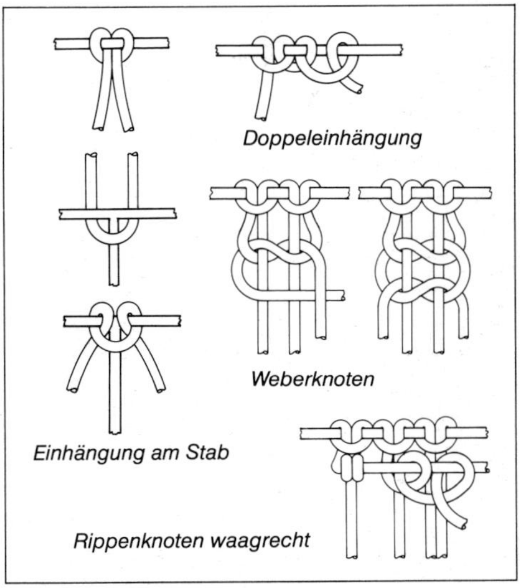

Hängelampe

Material:
1 Lampengestell mit 8 Feldern, 26 cm hoch, unten 40 cm ∅, oben 10 cm ∅
140 m Makrameegarn, 5 mm ∅, berber
26 m Makrameegarn, 5 mm ∅, dunkelbraun
16 Holzkugeln, 2,5 cm ∅
8 Metallringe, 10 cm ∅

Zuschnitt:
8 Fäden à 2,80 m, berber
24 Fäden à 2,30 m, berber
24 Fäden à 2,20 m, berber
8 Fäden à 1,20 m, berber
8 Fäden à 2,00 m, dunkelbraun
1 Faden à 10 m, dunkelbraun

Arbeitsanleitung:

1) Umknüpfen der Stäbe: Die 2,80 m langen Fäden doppelt legen und am Stab einhängen. Stäbe mit Schlingenknoten gegenseitig im Wechsel umknüpfen.

2) Muster pro Feld: 3 Fäden à 2,30 m doppelt legen und am oberen Rand einhängen. Alle 6 Fäden durch 1 Holzkugel ziehen. Je 2 Fäden als Leitfäden spannen und je 1 Faden à 2,20 m mit einem Weberknoten anknüpfen.

13 Reihen versetzte Weberknoten ausführen, dabei jeweils den äußeren Faden (nach jeder 2. Reihe) am Stab durch eine Öse ziehen. Mit den äußeren 4 Fäden an jeder Seite einen weiteren Weberknoten fertigen. Je 2½ Kettknoten mit den Außenfäden des letzten Weberknotens arbeiten. Den Metallring mit Rippenknoten anknüpfen, dabei in der oberen Mitte des Ringes einen Faden à 1,20 m in Doppelaufhängung befestigen.

3) An einem neu eingehängten Faden einen braunen Faden à 2 m einhängen (siehe Zeichnung) und über die beigen Fäden zu beiden Seiten hin senkrechte Rippenknoten ausführen. Die mittleren 6 Fäden durch eine Holzkugel ziehen und die äußeren beigen Fäden spannen. Den Kreis mit senkrechten braunen Rippenknoten zur Mitte hin schließen.

Alle beigen Fäden mit Rippenknoten am Ring anknüpfen. Die braunen Fäden auf der Rückseite verknoten. Mit den äußeren 2 Fäden an jeder Seite 2½ Kettknoten fertigen. Dazwischen 2 Weberknoten aus je 3 Fäden und in der Mitte einen Weberknoten aus 4 Fäden ausführen.

Alle Fäden mit Rippenknoten am unteren Rand anknüpfen.

4) Zwischen den einzelnen Knoten noch Restfäden von ca. 35 bis 40 cm Länge einhängen. Jeweils 2 Fäden mit 1 Überhandknoten versehen. Fäden nach ca. 8 bis 10 cm abschneiden und ausfransen.

5) Installationskabel mit dem 10 m langen Faden mit Wellenknoten umknüpfen.

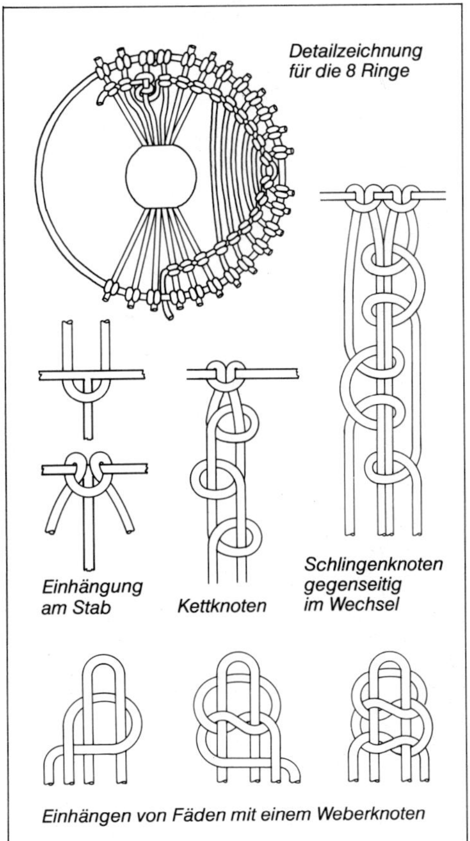

Einhängen von Fäden mit einem Weberknoten

Tischdecke

80 cm ∅

Material:
356 m Makrameegarn, 3 bis 3,5 mm ∅
7 m Makrameegarn, 1 mm ∅
Zuschnitt:
12 Fäden à 5,50 m
16 Fäden à 5,00 m
28 Fäden à 3,50 m
56 Fäden à 2,00 m
Leitfäden aus dünnem Garn: je 1 Faden à 0,30 m/ 0,50 m/0,80 m/1,20 m/1,50 m/2,50 m

Arbeitsanleitung:
1) An dem 30 cm langen Faden 12 Fäden à 5,50 m doppelt legen und einhängen. 8 Weberknotenbänder à 4 Knoten arbeiten (2 Knüpf-, 1 Leitfaden). Alle Fäden am 50 cm langen Faden mit Rippenknoten anknüpfen. Zwischen die Weberknotenbänder je 2 Fäden à 5 m doppelt legen und einhängen (16 Fäden).
2) 4 Runden versetzte Weberknoten arbeiten. Alle Fäden mit Rippenknoten am 80 cm langen Leitfaden anknüpfen.
3) Eine Runde Feigenknoten aus je 4 Fäden ausführen. Alle Fäden mit Rippenknoten am 1,20 m langen Leitfaden befestigen und zwischen die Feigenknoten je 2 Fäden à 3,50 m doppelt legen und einhängen (28 Fäden).
4) 4 Runden versetzte Weberknoten ausführen und alle Fäden am 1,50 m langen Leitfaden mit Rippenknoten anknüpfen.
5) Aus je 2 Fäden 3 Kettknoten fertigen. Je 2 Kettknotenbänder mit einem Weberknoten zusammenhalten und 3 weitere Kettknoten arbeiten. Alle Fäden mit Rippenknoten am 2,50 m langen Faden anknüpfen. Jeweils unterhalb der Weberknoten, zwischen den Kettknotenbändern, je 2 Fäden à 2 m in Doppelaufhängung befestigen (56 Fäden).
6) 5 Runden versetzte Weberknoten knüpfen.
7) Anschließend eine Runde Kettknotenbänder à 3½ Knoten arbeiten und versetzt je 2 Bänder mit einem Weberknoten zusammenhalten.
8) Eine Runde versetzte Weberknoten.
9) Punkt 7) wiederholen.
10) Abschluß nach Wahl: z. B. je 4 Fäden mit einem Überhandknoten versehen und ausfransen.

Blumenwaage

Material:
92 m Viskose, 5 bis 7 mm ∅
1 Ast
12 Kugeln, 2,5 oder 3 cm ∅
4 Kugeln, 1,5 oder 2 cm ∅
3 Ringe, 5 cm ∅
6 Oliven, 3,5 bis 4 cm lang
Zuschnitt:
2 Fäden à 8,50 m
4 Fäden à 7,80 m
6 Fäden à 4,00 m
4 Fäden à 5,00 m (Aufhängung)

Arbeitsanleitung pro Ampel:
1) 2 Fäden à 7,80 m und 3 Fäden à 4 m parallel nebeneinanderlegen. Mit einem 8,50 m langen Faden in der Mitte ein Band aus 6 Weberknoten knüpfen.
Den Ring einziehen, das Band zu einer Schlaufe legen (so daß sich der Ring in der Schlaufe befindet) und mit einem Weberknoten aus 2 Knüpf- und 10 Leitfäden zusammenhalten.
2) Fäden in 3 Gruppen zu je 2 kurzen und 2 langen Fäden teilen. Muster pro Strang: 6 cm Wellenknoten, Leitfäden durch 1 Kugel, 2,5 cm ∅, ziehen, 6 Weberknoten knüpfen; dabei zwischen jedem Knoten die Knüpffäden zu kleinen Schlaufen legen. Leitfäden (= kurze Fäden) durch 1 Olive ziehen und 6 weitere Weberknoten wie oben ausführen. Leitfäden durch eine Kugel 2,5 cm ∅, ziehen und 12 cm Wellenknoten arbeiten.
3) Fäden teilen und mit den äußeren Fäden als Leitfäden und den inneren Fäden als Knüpffäden 5 Schlingenknoten gegenseitig ausführen. Jeweils 2 Bänder versetzt mit einem Perlknoten zusammenhalten. Wieder teilen und 5 weitere Schlingenknoten gegenseitig knüpfen, dabei den äußeren Faden als Knüpf- und den inneren Faden als Leitfaden verwenden. Versetzt je 2 Stränge mit 3½ Weberknoten zusammenknüpfen. Alle Fäden mit 5 Wellenknoten aus 2 Knüpf- und 10 Leitfäden verbinden. Knüpffäden durch 1 Holzkugel, 1,5 cm ∅, ziehen und mit einem Überhandknoten, dicht an der Kugel, abschließen. Fransenlänge ca. 20 cm.
4) Aufhängung: 4 Fäden à 5 m am Ring einhängen und zu beiden Seiten hin ca. 45 cm Rundkordel oder Wellenknotenband arbeiten. Mit einem Überhandknoten abschließen und am Stab anknüpfen.

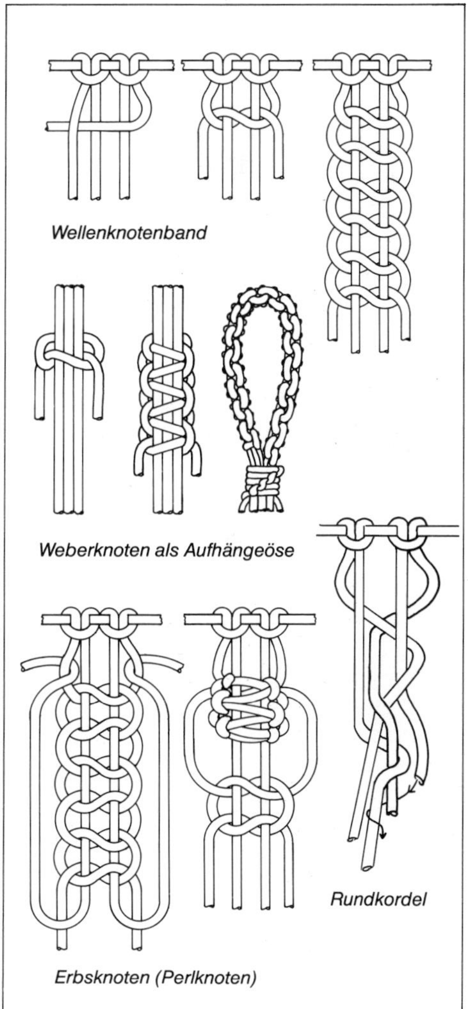

Wellenknotenband

Weberknoten als Aufhängeöse

Erbsknoten (Perlknoten)

Rundkordel

Kleiner Fensterhänger

Länge 1 m

Material: 102 m Makrameegarn, 5 mm ∅, 1 Metallring, 5 cm ∅, 26 geflammte Holzkugeln, 2 cm ∅, 4 Holzringe, 4 cm ∅.
Zuschnitt: 16 Fäden à 6,25 m – 1 à 2,00 m.

Arbeitsanleitung:
Den 2 m langen Faden am Metallring einhängen und den Ring mit Schlingenknoten gegenseitig umknüpfen, Enden zusammenknoten.
2) Die 6,25 m langen Fäden gleich lang durch den umknüpften Ring ziehen. Mit je 4 Fäden von rechts und von links über 24 Leitfäden einen Weberknoten arbeiten und in 4 Gruppen à 8 Fäden aufteilen.
3) Muster pro Strang: 1 Weberknoten aus 2 Knüpf- und 6 Leitfäden knüpfen.
4) Mit den beiden mittleren Fäden einen Rippenknoten ausführen und mit diesen Fäden als Leitfäden je eine Rippenknotenreihe schräg nach außen knüpfen. 1 Weberknoten mit den mittleren 4 Fäden arbeiten. Raute schräg zur Mitte hin schließen. Leitfäden durch eine Holzkugel ziehen.
5) Punkt 4) fünfmal wiederholen.
6) Eine weitere Raute knüpfen.
7) Fäden teilen und 2 Weberknotenbänder à 6 Knoten fertigen.
8) Die anderen 3 Stränge gleich knüpfen.
9) Zwei Weberknotenbänder versetzt mit einer Raute zusammenhalten, in der Mitte der Raute einen Perlknoten knüpfen.
10) Fäden in 2 Bänder zu je 4 Weberknoten teilen (je 2 Knüpf-, 2 Leitfäden).
11) Jeweils 2 Weberknotenbänder versetzt mit einem Weberknoten zusammenhalten.
12) Holzringe mit Rippenknoten befestigen. 4 weitere Weberknoten aus 2 Knüpf- und 6 Leitfäden arbeiten.
13) Alle Bänder zur Mitte nehmen und mit den beiden längsten Fäden über 30 Leitfäden 8 Wellenknoten knüpfen. Knüpffäden mit einem Überhandknoten versehen, eine Holzperle aufziehen und einen weiteren Überhandknoten ausführen.

Hänger für Brot und Gebäck

Länge 1,25 m

Material:
60 m Viskose-Sisal, 5 bis 7 mm ∅
65 m Makrameegarn, 5 mm ∅
1 Metall- oder Holzring, 10 cm ∅
2 Rohrringe, 10 cm ∅
12 rote Holzkugeln, 2 cm ∅
Zuschnitt:
6 Fäden à 10 m Viskose/Sisal
6 Fäden à 10 m Makrameegarn, rot
1 Faden à 3 m Makrameegarn, rot
1 Faden à 2 m Makrameegarn, rot

Arbeitsanleitung:
1) Mit dem 3 m langen Faden den Holz- oder Metallring mit Schlingenknoten gegenseitig umknüpfen. Fadenenden zusammenknoten.
Die 6 Fäden Viskose-Sisal à 10 m so durch den umknüpften Ring ziehen, daß die Fäden vorne und hinten gleich lang sind. Mit dem 2 m langen roten Faden abbinden. Die beiden roten Fadenenden in die Mitte nehmen, verknoten und abschneiden. Die hellen Fäden spannen und am ersten Rohrring mit Rippenknoten anknüpfen. Jeweils zwischen 2 hellen Fäden einen roten Faden à 10 m in Doppelaufhängung befestigen.
2) 7 Runden versetzte Weberknoten (2 Knüpf-, 2 Leitfäden). Bei der ersten Runde die roten Fäden als Knüpffäden verwenden. Den 2. Rohrring mit Rippenknoten anknüpfen.
3) Aus je 6 Fäden einen Weberknoten (4 Knüpf-, 2 Leitfäden) arbeiten: Knüpffäden des Weberknotens spannen und darüber mit den Leitfäden jeweils 4 bzw. 5 Schlingenknoten gegenseitig knüpfen. Je ▶

ein rotes und ein weißes Schlingenknotenband versetzt mit einem Weberknoten (2 Knüpf-, 4 Leitfäden) zusammenhalten.
4) Schlingenknotenbänder um 4 bzw. 5 Knoten verlängern. Je 2 gleichfarbene Bänder mit einem Weberknoten verbinden (2 rote Bänder mit einem weißen Weberknoten, weiße Bänder mit einem roten Weberknoten zusammenhalten).
5) 2 Wellenknotenbänder 28 cm lang, unterhalb der weißen Weberknoten aus 2 hellen Knüpffäden und 2 hellen und 2 roten Leitfäden arbeiten.
6) Fäden in 2 Gruppen teilen (je 2 weiße und 1 roter Faden). Weiße Fäden als Leitfäden spannen und mit den roten Fäden je 13 Schlingenknoten gegenseitig darüber knüpfen. Fäden austauschen (roter Faden = Leitfaden). 10 Weberknoten fertigen.
7) Schlingenknotenbänder unterhalb der roten Weberknoten: 19 Schlingenknoten gegenseitig im Wechsel aus 2 mal 2 roten Knüpf- und 2 weißen Leitfäden knüpfen. Mit einem Weberknoten abschließen. Fäden in 2 Gruppen aufteilen (je 2 rote und 1 weißer Faden), rote Fäden als Leitfäden spannen und mit je einem weißen Faden 15 cm Schlingenknoten knüpfen. Fäden austauschen und 13 Weberknoten arbeiten (weißer Faden = Leitfaden).
8) Den längsten roten Faden als Leitfaden verwenden und darüber mit allen roten Fäden 2 Runden Rippenknoten knüpfen. Mit dem längsten weißen Faden die hellen Fäden abbinden.
Mit den roten Fäden 4 Weberknotenbänder (2 Knüpf-, 1 Leitfaden) à 10 Knoten ausführen. Mit den Bändern einen leichten Bogen legen und mit einem roten Faden über allen Fäden abbinden.
Die roten Fäden jeweils durch eine Holzkugel ziehen und mit einem Überhandknoten abschließen.
Fäden abschneiden und ausfransen. Die weißen Fäden etwas länger lassen.

„Wurzelwaage"

Länge 1,20 m

Material:
102 m Jute, 3,5 mm ∅
8 Rohholzkugeln, 2 cm ∅
Ast oder Wurzel, ca. 35 cm lang
Zuschnitt:
7 Fäden à 8,80 m
1 Faden à 10,0 m
8 Fäden à 3,80 m

Arbeitsanleitung:
1) Die 3,80 m und 8,80 m langen Fäden parallel nebeneinanderlegen, mit dem 10 m langen Faden in der Mitte ein Band von 20 Weberknoten knüpfen. Das Band zu einer Schlaufe legen und mit einem Weberknoten über alle Fäden zusammenhalten (2 Knüpf-, 30 Leitfäden).
Fäden in 2 Gruppen wie folgt aufteilen: Je 8 kurze und 8 lange Fäden.
2) Die 8 kurzen und 4 der langen Fäden in die Mitte nehmen und mit den restlichen 4 langen Fäden (2 mal 2 Knüpffäden) ein Band von 12 Schlingenknoten im Wechsel (d. h. 1 mal mit dem rechten, 1 mal mit dem linken Faden über alle Mittelfäden einen Schlingenknoten) knüpfen.

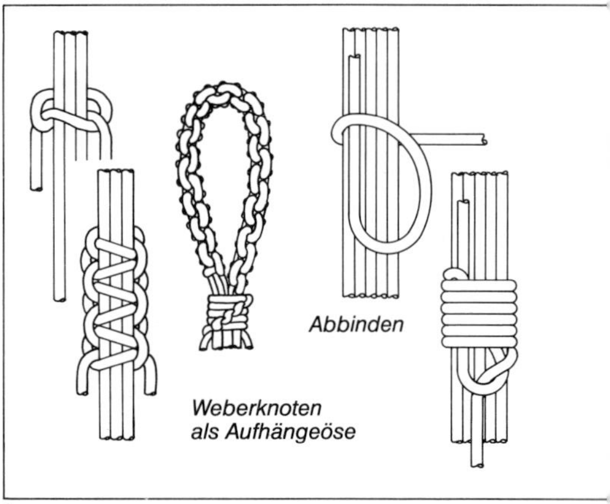

3) 8 Fäden vor und 8 Fäden hinter die Wurzel legen und mit dem längsten Faden unterhalb der Wurzel abbinden.
Andere Seite 2) und 3) ebenso arbeiten.
4) Muster pro Strang für die kleine Schale (∅ 16 cm): Kurze Fäden als Leitfäden in die Mitte nehmen, aus 2 Knüpf- und 2 Leitfäden
a) 18 cm Wellenknoten, 1 Weberknoten fertigen, die beiden Mittelfäden durch 1 Holzkugel ziehen,
b) 1 Weberknoten, 11 weitere Weberknoten, dabei zwischen jedem Knoten ca. 1,5 cm Abstand lassen.
Die anderen 3 Bänder genauso arbeiten. Bänder teilen, Fäden 6 cm spannen, versetzt mit einem Perlknoten (2 Knüpf-, 2 Leitfäden) zusammenhalten. Fäden wieder 8 cm spannen und mit dem längsten Faden abbinden. Fäden nach ca. 15 cm abschneiden und ausfransen.
5) Muster pro Strang für die große Schale (19 cm ∅): 13 Weberknoten, dabei zwischen jedem Knoten wieder ca. 1,5 cm Abstand lassen. Leitfäden durch eine Holzkugel ziehen, 1 Weberknoten, 28 cm Wellenknoten. Bänder teilen und Fäden 7 cm spannen, versetzt mit 1 Perlknoten zusammenhalten. Fäden 12 cm spannen und mit dem längsten Faden abbinden. Fäden nach ca. 15 cm abschneiden.

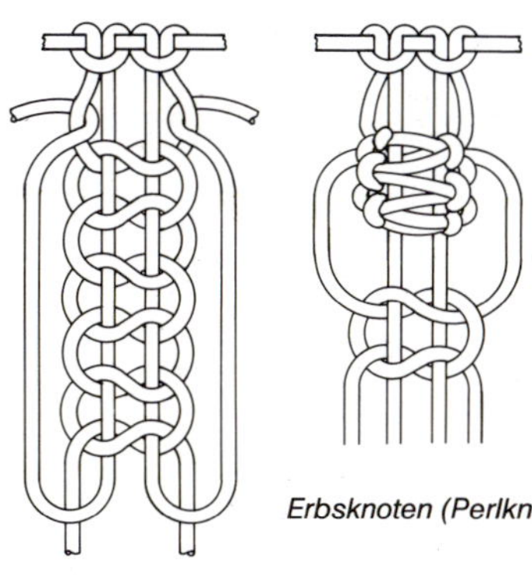

Erbsknoten (Perlknoten)

Wandschmuck
„Amarena“

◀ *Material:*
90 m meliertes Webgarn, 5 bis 8 cm ∅
1 Metallring, 50 cm ∅, ca. 10 Keramikperlen, 2 cm ∅
Zuschnitt:
1 Faden à 12 m, 15 Fäden à 3,20 m, 15 Fäden à 2,00 m

Arbeitsanleitung:
Mit dem 12 m langen Faden den Ring mit Schlingenknoten gegenseitig im Wechsel umknüpfen. Die längeren Fäden in der oberen Hälfte und die kurzen Fäden in der unteren Hälfte des Ringes durch die Schlingen ziehen.
Den Ring mit versetzten Weberknoten in unregelmäßigen Abständen ausfüllen und die Keramikperlen einfügen. In unteren Teil alle Fäden zusammennehmen und abbinden. Fransenlänge ca. 60 bis 70 cm.

Material: 21 m Makrameegarn, 5 mm ∅ ▶
je 1 Ring 10, 12, 15 cm ∅
Zuschnitt:
2 Fäden à 9,20 m, 4 Fäden à 0,40 m, 1 Faden à 0,60 m

Arbeitsanleitung:
1) Den 60 cm langen Faden doppelt legen und in 4fach-Aufhängung am kleinsten Ring befestigen. Beide Enden nach einem Überhandknoten abschneiden.
2) Rechts und links daneben je einen 9,20 m langen Faden mit einem Wellenknoten anknüpfen. Je 9 bis 12 Wellenknoten ausführen, dabei rechts mit dem rechten und links mit dem linken Faden beginnen. Je 3 Weberknoten und wieder 9 bis 12 Wellenknoten arbeiten, dabei rechts mit dem linken und links mit dem rechten Faden beginnen.
3) Einen Feigenknoten knüpfen.
4) Den Ring (12 cm ∅) wie 2) anknüpfen, jedoch 12 bis 14 Wellenknoten, 4 Weber- und wieder 12 bis 14 Wellenknoten ausführen.
5) Einen Feigenknoten arbeiten.
6) Den Ring 15 cm wie 2) anknüpfen, jedoch 15 bis 18 Wellenknoten, 5 Weber- und wieder 15 bis 18 Wellenknoten fertigen.
7) Abschluß: Die 40 cm langen Fäden über den unteren Ring legen und mit dem längsten Faden über allen 11 Fäden abbinden. Fäden nach 18 cm abschneiden.

Bilderrahmen

Länge
70 cm
mit Fransen

Dreifarbiger Wandbehang

45 cm × 180 cm

Arbeitsanleitung:

1) Sämtliche 11,50 m langen Fäden am 40 cm langen Stab mit Doppelaufhängung in folgender Anordnung anknüpfen: 2 dunkelbraun – 1 beige – 2 hellbraun – 1 dunkelbraun – 6 beige – 1 dunkelbraun – 2 hellbraun – 1 beige – 2 dunkelbraun.

2) Mittelmotiv mit den 12 beigen Fäden: Je 1 äußeren Faden als Leitfaden zur Mitte legen und je 5 waagrechte Rippenknoten arbeiten. Leitfäden wieder nach außen legen und weitere 5 Knoten fertigen (etwas Abstand zur 1. Rippenknotenreihe halten).
Mit den mittleren 4 Fäden 1 Perlknoten und anschließend 5 Weberknoten knüpfen. Rechts und links aus je 4 Fäden ca. 7 cm Wellenknoten gegengleich ausführen.
Alle Bänder mit 2 versetzten Weberknoten, darunter 1 versetzten Weberknoten zusammenhalten. Von außen schräg zur Mitte hin je 1 Rippenknotenreihe arbeiten.

3) Randmotiv: Jeweils den inneren dunkelbraunen Faden als Leitfaden für eine waagrechte Rippenknotenreihe nach außen verwenden. Bei den beiden nächsten Rippenknotenreihen jeweils wieder die inneren Fäden als Leitfäden nehmen. Die 4. Rippenknotenreihe jedoch von außen zur Mitte hin knüpfen (hellbrauner Leitfaden). Mit den hellbraunen Fäden je ein Wellenknotenband ca. 8 cm, mit den beigen Fäden 1 Kettknotenband, ca. 9 cm, knüpfen. Mit den dunkelbraunen Fäden 8 Rippenknotenreihen im Zickzackmuster (über den gleichen Leitfaden) arbeiten.

4) Die mittleren beigen Fäden als Leitfäden verwenden und darüber zu jeder Seite hin 6 Rippenknotenreihen ausführen.

5) Mit den mittleren 8 hellbraunen Fäden 1 Perlknoten (2 Knüpf-, 6 Leitfäden) arbeiten.

6) Von den jeweils 6 beigen Randfäden den inneren als Leitfaden verwenden und darüber im Zickzack 6 Rippenknotenreihen (je 5 Knoten über denselben Leitfaden) ausführen.

7) Jeweils 8 senkrechte Rippenknotenreihen mit je 4 hellbraunen Knüpffäden über 2 beige und 6 dunkelbraune Leitfäden arbeiten. Mit den mittleren 4 Fäden 1 beigen Weberknoten, darunter 1 braunen Weberknoten über die 4 beigen Fäden, anschließend 1 Weberknoten aus 2 Knüpf- und 6 Leitfäden usw. bis zum 7. Knoten fortsetzen (1 beiger, 6 dunkle Knoten).
Sämtliche Fäden mit Rippenknoten am 45 cm langen Stab anknüpfen.

8) Mit den äußeren 6 beigen Fäden 7 Reihen versetzte Weberknoten arbeiten.

9) Jeweils den inneren dunkelbraunen Faden als Leitfaden für 1 waagrechte Rippenknotenreihe nach außen und wieder zurück, verwenden (je 4 hellbraune und 5 dunkelbraune Rippenknoten). 2 dunkelbraune Weberknoten aus 4 Fäden knüpfen.

10) Punkt 9) zweimal wiederholen, jedoch Weberknoten bei der 2. Wiederholung weglassen.

11) Mit den mittleren 4 beigen Fäden 2 Weberknoten knüpfen. 1 Perlknoten aus ca. 12 Weberknoten arbeiten und die 9 cm lange, umwickelte Papprolle einfügen. 4 weitere Weberknoten fertigen.
Alle Fäden am 35 cm langen Holzstab mit Rippenknoten anknüpfen.

12) Mit den beiden mittleren beigen Fäden 4 Kettknoten arbeiten. Jeweils den danebenliegenden beigen Faden als Leitfaden für eine waagrechte Rippenknotenreihe nach außen und wieder zurück verwenden, 2 mal wiederholen.
Jeweils den mittleren hellbraunen Faden um die dunkelbraune Papprolle legen und

anschließend sämtliche Fäden mit Rippenknoten am Holzstab (35 cm) anknüpfen.

13) Mit den 4 mittleren beigen Fäden 1 Perlknoten (ca. 12 Weberknoten) fertigen und die 2. beige Papprolle einpassen. 5 weitere beige Weberknoten untereinander knüpfen. Mit den beigen und hellbraunen Fäden Weberknotenbänder aus je 6 Knoten arbeiten. Je 2 Weberknoten mit den dunkelbraunen Fäden knüpfen – 4 Fäden vor und 2 hinter die hellbraune Papprolle legen. Rolle mit je 1 Weberknoten festhalten.

Versetzt darunter 1 waagrechte Weberknotenreihe fertigen. Mit den mittleren 4 beigen Fäden 10 Wellenknoten und an beiden Seiten je 3 Reihen versetzte Weberknoten arbeiten. Jeweils den Knüpffaden des Wellenknotenbandes als Leitfaden für je eine waagrechte Rippenknotenreihe nach außen und wieder zurück verwenden.

14) Mit den 4 mittleren beigen Fäden ein ca. 60 cm langes Weberknotenband knüpfen. 50 cm Wellenknoten mit den dunkelbraunen Fäden (2 Knüpf-, 1 Leitfaden). Aus den hellbraunen Fäden je ein ca. 45 cm langes Weberknotenband fertigen, dabei zwischen den Knoten etwas Abstand lassen. Kettknotenbänder oder Rundkordel mit den restlichen beigen Fäden knüpfen.

15) Am 2. Stab an beiden Seiten je 3 ca. 1 m lange beige Restfäden in 4fach-Aufhängung befestigen. Je 3 bis 3½ Kettknoten arbeiten. Kettknotenbänder mit je 2 Weberknoten zusammenhalten. Fransenlänge ca. 15 bis 20 cm.

16) Aufhängung aus 3 Restfäden à 2 m: Einen Faden doppelt legen und beide Fadenenden am 2. Faden mit Rippenknoten anknüpfen (kleine Schlaufe stehen lassen). Den 3. Faden ebenfalls mit Rippenknoten befestigen. Fäden teilen und je 6 waagrechte Rippenknotenreihen von der Mitte nach außen knüpfen; am Stab anknoten.

17) In die Papprollen Fransen einziehen.

Material: Makrameegarn, 5 mm ∅
50 m hellbraunes, 74 m dunkelbraunes,
100 m beiges (jeweils ohne Fransen)
je 1 Stab 40 cm/45 cm, 2 Stäbe 35 cm lang
je 1 Papprolle ca. 3 bis 4 cm ∅, innen hohl,
9 cm/22 cm/30 cm/42 cm lang

Zuschnitt: 6 dunkelbraune, 4 hellbraune,
8 beige Fäden à 11,50 m

Zum Umwickeln der Papprollen:
1 dunkelbrauner Faden à 5 m, 1 hellbrauner
Faden à 4 m, je 1 beiger à 4 m und 2 m.

Sisalbehang

Länge mit Fransen 1,60 m
Fransenlänge 50 bis 60 cm

Material:
200 m Sisal, 4fach, 6 bis 7 mm ∅
Aufhängebügel, Wurzel, Ast, 55 cm lang
Zuschnitt: 20 Fäden à 10 m

1) Alle Fäden doppelt legen und am Bügel einhängen. Von jeder Seite den 12. Faden als Leitfaden für eine waagrechte Rippenknotenreihe nach außen verwenden. Mit den beiden äußeren Fäden je 5 Schlingenknoten gegenseitig knüpfen. Mit dem 12. Faden von innen wieder je eine Rippenknotenreihe schräg nach außen fertigen. Den gleichen Leitfaden für eine weitere Rippenknotenreihe zur Mitte und wieder nach außen nehmen, dabei zwischen den Rippenknotenreihen etwas Abstand lassen. Mit den äußeren 4 Fäden jeweils 4 Schlingenknoten gegenseitig ausführen. Nach außen eine weitere Rippenknotenreihe arbeiten.

2) Mittelmotiv aus den mittleren 16 Fäden: Von außen zur Mitte hin je eine waagrechte Rippenknotenreihe knüpfen (je 7 Knoten). Jeweils mit den beiden mittleren Fäden 2 Schlingenknoten gegenseitig fertigen. Von außen zur Mitte hin je eine Rippenknotenreihe und mit den gleichen Leitfäden nach außen und wieder zurück je eine Rippenknotenreihe ausführen.

Jeweils diesen Leitfaden für eine Rippenknotenreihe nach außen (4 Knoten) und wieder zur Mitte (4 Knoten) verwenden. Abstand zwischen den Reihen dem Foto angleichen. Mit den mittleren 4 Fäden 1 Kettknoten fertigen. Daneben aus je 3 Fäden einen Zopf flechten.

3) Mittel- und Seitenmotiv mit je 3 Kettknoten (3 Fäden vom Mittel- und 3 Fäden vom Seitenmotiv) verbinden.

Jeweils daneben mit den restlichen 5 Fäden von der Mitte nach außen (mit den gleichen Leitfäden) zur Mitte und wieder nach außen je eine weitere Rippenknotenreihe arbeiten.

4) Waagrechtes Rippenknotenband: Mit den äußeren 4 Fäden als Leitfäden jeweils eine Rippenknotenreihe zur Mitte hin arbeiten. Außen je 4 Schlingenknoten gegenseitig mit je 2 Fäden knüpfen, 2 Fäden hängenlassen, 3 Schlingenknoten gegenseitig, 2 Fäden hängenlassen, 2 Schlingenknoten. Die Rippenknotenreihe mit den gleichen 4 Leitfäden nach außen hin fortsetzen.

5) 8 Rippenknotenreihen aus den mittleren 6 Fäden arbeiten. Jeweils mit den 7 danebenliegenden Fäden 1 Rippenknotenreihe schräg nach außen knüpfen. Mit den 2 inneren Fäden 2 Schlingenknoten gegenseitig arbeiten, und mit den gleichen Leitfäden die Rippenknotenreihe schräg zur Mitte hin fortsetzen. 2 Schlingenknoten gegenseitig mit den beiden äußeren Fäden fertigen. Mit demselben Leitfaden Rippenknotenreihe verlängern, 2 Schlingenknoten gegenseitig mit den beiden inneren Fäden ausführen. Rippenknotenreihe von außen zur Mitte fortsetzen.

6) Kettknotenbänder: Mit den 6 danebenliegenden Fäden 1½ Kettknoten knüpfen.

7) Mit den äußeren 4 Fäden 4 Schlingenknoten gegenseitig arbeiten.

8) Punkt 4) wiederholen.

9) Abschluß: Von der Mitte schräg nach außen mit je 5 Fäden 2 Rippenknotenreihen (je 4 Knoten) fertigen. Mit den 6 danebenliegenden Fäden jeweils 1½ Kettknoten ausführen. Von der Mitte schräg nach außen 2 weitere Rippenknotenreihen arbeiten, jedoch jeweils 3 Fäden des danebenliegenden Kettknotenbandes mit anknüpfen (je 7 Rippenknoten). Die mittleren 16 Fäden mit dem längsten Faden abbinden.

Mit den äußeren 4 Fäden je 3 Schlingenknoten gegenseitig fertigen. Aus den restlichen 5 Fäden je 3 Rippenknotenreihen von außen zur Mitte, nach außen und wieder zur Mitte über denselben Leitfaden knüpfen. Von außen zur Mitte 2 weitere Rippenknotenreihen arbeiten und dabei die restlichen 3 Fäden des Kettknotenbandes mit anknüpfen. Rippenknotenreihe nach außen verlängern, dabei die 4 Fäden des Schlingenknotenbandes anknüpfen.

Mit je 6 Fäden zu beiden Seiten hin 2 weitere Rippenknotenreihen arbeiten. Alle 12 Fäden mit dem längsten Faden abbinden.

Läufer

Größe: 18 × 40 cm

Rippenknoten

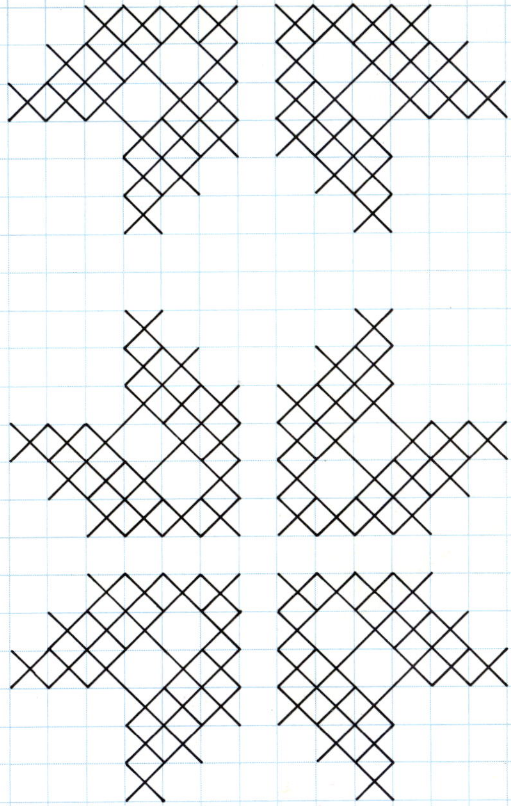

Material:
62 m Makrameegarn, 3,5 mm ∅, gold
19 m Makrameegarn, 3,5 mm ∅, dunkelbraun

Zuschnitt:
31 Fäden à 2 m, gold
1 Faden à 19 m, dunkelbraun

Arbeitsanleitung:
Alle 31 Fäden so am braunen Leitfaden mit Rippenknoten anknüpfen, daß ca. 6 cm Fransen bleiben. Den braunen Leitfaden an einer Seite ca. 5 cm hängenlassen und später auf der Rückseite ankleben.
Eine waagrechte Rippenknotenreihe über den braunen Leitfaden arbeiten.
In der nächsten Reihe 11 waagrechte Rippenknoten fertigen, Leitfaden wechseln und 4 senkrechte braune Rippenknoten, 1 waagrechten goldfarbenen, wieder 4 senkrechte braune Rippenknoten und daneben 11 waagrechte goldfarbene Rippenknoten knüpfen.
Nach Zeichnung weiterarbeiten: 1 Kreuzchen entspricht einem senkrechten braunen Rippenknoten, die freien Felder entsprechen den waagrechten Rippenknoten.
Das Muster gegengleich wiederholen und mit 2 waagrechten Rippenknotenreihen abschließen. 6 cm lange Fransen stehen lassen.

Dackel

Material:
2 Holzkugeln, 2 cm ∅
60 m Makrameegarn, 5 mm ∅, hellbraun
je 3 m Makrameegarn, 5 mm ∅, hellbeige und braun

Zuschnitt:
10 Fäden à 2,50 m, hellbraun
12 Fäden à 1,70 m, hellbraun
6 Fäden à 1,20 m, hellbraun
10 Fäden à 0,60 m, hellbraun
1 Faden à 0,50 m, hellbraun
1 Faden à 3,00 m, beige

Arbeitsanleitung:

1) Kopf: 10 Fäden à 2,50 m doppelt legen und an dem 50 cm langen Leitfaden einhängen. 3 Reihen versetzte Weberknoten fertigen. 4. Reihe von außen zur Mitte: Jeweils die beiden äußeren Fäden hängenlassen, mit den nächsten 3 Fäden einen Weberknoten knüpfen, die beiden danebenliegenden Fäden durch 1 Holzkugel ziehen, aus je 3 Fäden 2 Weberknoten knüpfen.

5. Reihe: Jeweils mit den äußeren 4 Fäden einen Weberknoten knüpfen, 1 Faden hängenlassen, zwischen den Augen in der Mitte einen Weberknoten aus je 4 Fäden knüpfen und daneben je 1 Faden hängenlassen.

6. Reihe: Jeweils die äußeren 3 Fäden hängenlassen, aus 3 Fäden 1 Weberknoten und in der Mitte, zwischen den Augen, 2 Weberknoten aus je 3 Fäden fertigen.

7. Reihe: Mit den 12 mittleren Fäden 3 Weberknoten ausführen.

8. Reihe: In der Mitte 2 Weberknoten aus je 4 Fäden und daneben je einen Weberknoten aus je 3 Fäden arbeiten.

9. Reihe: Mit den mittleren 4 Fäden 1 Weberknoten knüpfen.

10. Reihe: In der Mitte 2 Weberknoten mit je 3 Fäden ausführen.

2) Mit dem äußeren Faden als Leitfaden je 7 Rippenknoten (direkt an die Weberknoten anschließen) knüpfen. Die beiden Leitfäden gegeneinanderlegen und über beide Leitfäden 4 weitere Rippenknoten arbeiten.

3) Mit den äußeren 3 Fäden an jeder Seite einen Weberknoten knüpfen. An der linken Seite über die 3 äußeren Fäden den 3 m langen beigen Faden mit Doppelaufhängung befestigen. Über die nächsten 3 Fäden 2 senkrechte Rippenknoten knüpfen. Fäden nach hinten legen und auf der rechten Seite ebenso 2 senkrechte Rippenknotenreihen über je 3 braune Fäden ausführen. Den oberen beigen Faden verknoten und abschneiden. Über den unteren beigen ▶

Faden 12 Fäden à 1,70 m in Doppelaufhängung befestigen.

4) Körper: 8 Reihen versetzte Weberknoten (je 2 Leit-, 2 Knüpffäden).

5) Vorderbeine: Mit den linken 6 Fäden weitere 7 Reihen versetzte Weberknoten (d.h. 1 Reihe 1 Weberknoten aus 4 Fäden, 1 Reihe 2 Weberknoten aus je 3 Fäden) fertigen usw. Die beiden äußeren Fäden gegeneinanderlegen und darüber mit den mittleren 4 Fäden je eine Rippenknotenreihe arbeiten. Von den nächsten 6 Fäden wieder die beiden äußeren Fäden gegeneinanderlegen und darüber 4 Rippenknoten arbeiten. Das rechte Vorderbein wie das linke Bein arbeiten.

6) Den rechts danebenliegenden Faden als Leitfaden nehmen und darüber mit den nächsten 19 Fäden eine waagrechte Rippenknotenreihe ausführen.

7) Hinterbeine: Mit den letzten 12 Fäden die Hinterbeine wie 5) ausführen, jedoch dicht nebeneinander.

8) Schwanz: Über den hellen Leitfaden 10 weitere Fäden à 60 cm in Doppelaufhängung anknüpfen. 4 Weberknoten aus je 4 Fäden ausführen, die restlichen 4 Fäden hängenlassen. Mit dem linken Faden als Leitfaden alle Fäden mit Rippenknoten anknüpfen. An die obere Rippenknotenreihe den unteren Leitfaden mit einem Rippenknoten anknüpfen. Den beigen Faden mit 1 Überhandknoten versehen, die restlichen Fäden nach ca. 1 cm abschneiden.

9) Ohren: An jeder Seite an den 50 cm langen Leitfaden des Kopfes 3 Fäden à 1,20 m einhängen. Von außen zur Mitte je eine waagrechte Rippenknotenreihe arbeiten. Ohren wie Vorderbeine ausführen, jedoch 10 Reihen versetzte Weberknoten arbeiten. Die beiden Leitfäden auf der Rückseite vernähen.

10) Abschluß: Alle Fäden auf der Rückseite ankleben oder Weberknotenbänder knüpfen und annähen.

Wandbehang „Sara“

Material:
116 m Makrameegarn, 3,5 mm ∅
6 Stäbe, 25 cm lang, 6 mm ∅, mit je 2 Kugeln
1 Stab, 25 cm lang, ohne Kugeln
4 Kugeln, 1,5 cm ∅
1 Stab, 25 cm lang, 1 cm ∅, mit 2 Kugeln
Zuschnitt: 20 Fäden à 5,80 m

Arbeitsanleitung:

1) Alle Fäden am Stab, 1 cm ∅, einhängen. Über den Stab (ohne Kugeln) eine waagrechte Rippenknotenreihe knüpfen.
Rechts und links mit je 4 Fäden 16 Wellenknoten ausführen. Dazwischen 8 Weberknotenbänder à 8 Knoten arbeiten. Wellenknotenbänder in der Länge den Weberknotenbändern angleichen. Alle Fäden an einem Holzstab mit Rippenknoten anknüpfen.

2) Wellenknotenband an beiden Seiten verlängern.
Blüte aus je 16 Fäden: Jeweils den äußeren Faden (1. und 16. Faden) als Leitfaden verwenden und von beiden Seiten mit je 7 Fäden eine Rippenknotenreihe leicht nach oben gebogen, zur Mitte hin ausführen. Die 2. Rippenknotenreihe leicht nach unten gebogen, wieder von außen zur Mitte hin knüpfen (7 Knoten). Beide Leitfäden durch

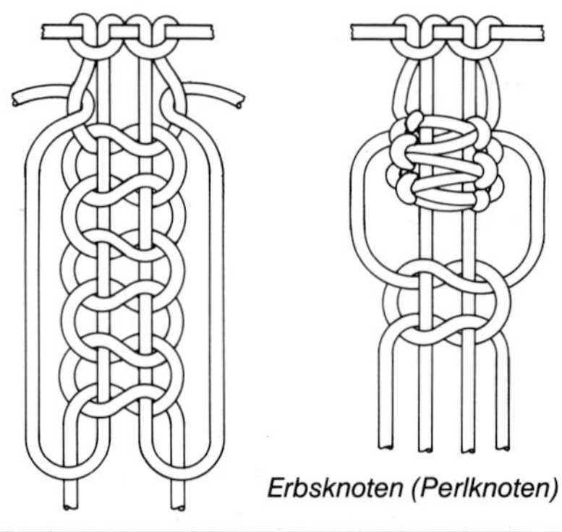

Erbsknoten (Perlknoten)

1 Holzkugel ziehen und von der Mitte nach außen wieder je 2 gebogene Rippenknotenreihen knüpfen. Wellenknotenband in der Länge wieder dem Blütenmuster angleichen. Alle Fäden mit Rippenknoten am nächsten Stab anknüpfen.

3) Wellenknotenbänder verlängern. Dazwischen aus je 4 Fäden 3 Reihen versetzte Wellenknotenbänder (je 5 bis 7 Wellenknoten untereinander) arbeiten. In der 2. Reihe mit den beiden äußeren Fäden je $1\frac{1}{2}$ Kettknoten ausführen. Fäden am nächsten Stab mit Rippenknoten anknüpfen.

4) Wellenknotenbänder an beiden Seiten verlängern.

Mittelmotiv aus je 16 Fäden: Muster pro Seite: Mit den mittleren 4 Fäden 1 Weberknoten arbeiten. Die beiden Knüpffäden nach oben legen. Über die gleichen Leitfäden mit den danebenliegenden Fäden einen weiteren Weberknoten ausführen, Knüpffäden wieder nach oben legen, so lange fortsetzen bis alle Fäden angeknüpft sind (insgesamt 7 Weberknoten). Unter den letzten Weberknoten einen Perlknoten knüpfen. Muster wie oben gegengleich wiederholen, so daß mit dem Faden, mit dem der 1. Weberknoten gearbeitet wurde, der letzte Weberknoten ausgeführt wird. Fäden am Stab anknüpfen.

5) Punkt 3) und 2) wiederholen.

6) Mit den mittleren 8 Fäden 2 Bänder à 4 Weberknoten arbeiten und mit 2 Weberknoten zusammenhalten (2 Knüpf-, 6 Leitfäden). Daneben je ein Band à 8 Weberknoten, mit 2 Weberknoten (2 Knüpf-, 14 Leitfäden) zusammenknüpfen.

Zu beiden Seiten hin die Weberknotenbänder fortsetzen: 12 – 16 – 20 Knoten und jeweils mit 2 Weberknoten zusammenknüpfen, dabei die kurzen Fäden in die Mitte nehmen.

Die beiden Knüpffäden des letzten Weberknotens mit einem Überhandknoten versehen. Fäden nach ca. 25 cm abschneiden.

Größe
25 cm × 75 cm

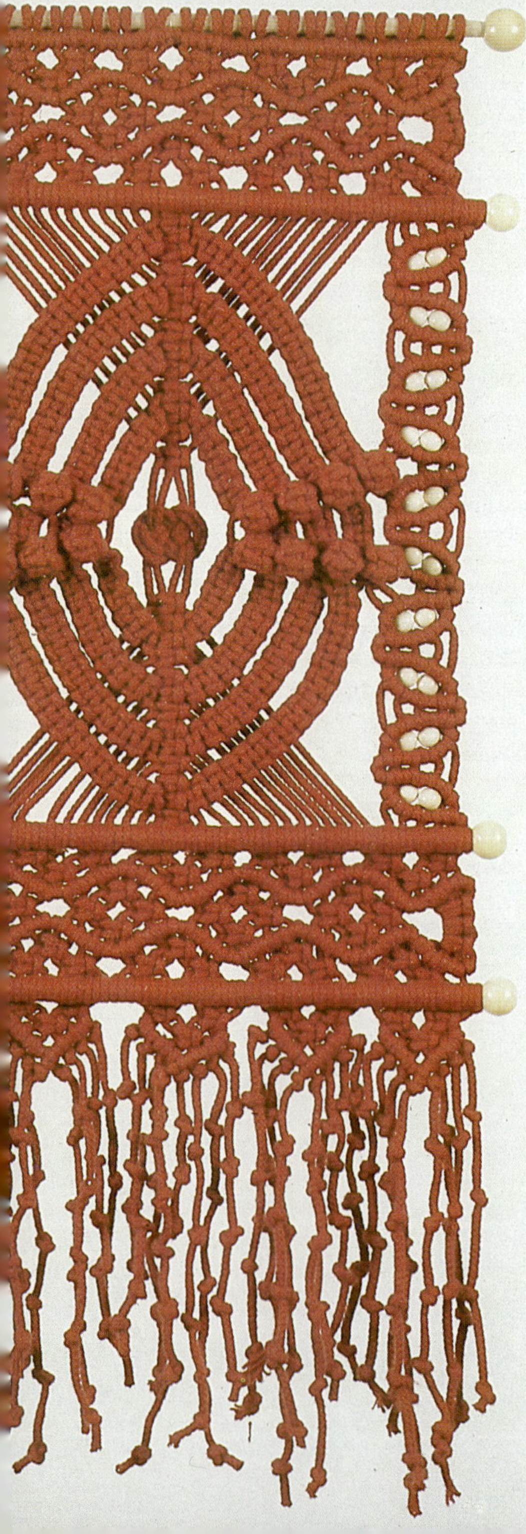

Wandbehang „Burgund"

Größe 47 × 95 cm

Material:
170 m Makrameegarn, geflochten oder gedreht, 6 bis 7 mm ∅
40 Holzkugeln, ca. 1,5 cm ∅
8 Holzkugeln, ca. 2,5 cm ∅
4 Holzstäbe, 47 cm lang
Zuschnitt: 20 Fäden à 8,50 m

Arbeitsanleitung:
1) Alle 20 Fäden doppelt legen und am Stab einhängen.
2) Mit dem linken Faden als Leitfaden eine waagrechte Rippenknotenreihe ausführen.
3a) Eine Reihe Weberknoten aus je 4 Fäden, versetzt darunter weitere 5 Weberknoten knüpfen; so beginnen: 2 Fäden hängenlassen, 1 Weberknoten, 4 Fäden hängenlassen, 1 Weberknoten, 4 Fäden hängenlassen usw.
Mit dem rechten Faden als Leitfaden eine Rippenknotenreihe, dicht an die Weberknoten anschließend, knüpfen.
Mit den 3 rechten Fäden 3 Schlingenknoten gegenseitig arbeiten, dabei den äußeren Faden als Knüpf- und die 2 inneren Fäden als Leitfäden verwenden. Mit den 5 linken Fäden ebenso 3 Schlingenknoten gegenseitig arbeiten (äußerer Faden = Knüpf-, die 4 danebenliegenden Fäden = Leitfäden).
3b) 2 Fäden hängenlassen, 1 Weberknoten, 4 Fäden hängenlassen, 1 Weberknoten, 4 Fäden hängenlassen, 1 Weberknoten, 4 Fäden hängenlassen, 1 Weberknoten, 2 Fäden hängenlassen.
3c) Versetzt darunter aus je 4 Fäden 1 Reihe Weberknoten ausführen (8 Knoten).
3d) Punkt 3b) wiederholen.
3e) Von links nach rechts eine Rippenknotenreihe wie oben ausführen.

3f) 2 Fäden hängenlassen, 1 Weberknoten, 4 Fäden hängenlassen, 1 Weberknoten, 4 Fäden hängenlassen usw.

3g) Versetzt darunter eine Reihe Weberknoten (10 Knoten) ausführen. Alle Fäden mit Rippenknoten an einem Stab anknüpfen.

4a) Randmuster aus je 6 Fäden: Jeweils den äußeren Faden als Leitfaden für eine Rippenknotenreihe, leicht nach oben gebogen (schräg zur Mitte ihn), verwenden. Die beiden mittleren Fäden durch je eine Kugel ziehen und von außen zur Mitte hin eine 2. Rippenknotenreihe, leicht nach unten gebogen knüpfen. Dabei den Leitfaden der 1. Reihe mit anknüpfen. Das 2. Blatt von innen nach außen arbeiten.

4b) Das 3. Blatt von außen nach innen, das 4. Blatt von innen nach außen knüpfen.

5a) Mittelmotiv aus 28 Fäden: Mit den mittleren 4 Fäden einen Weberknoten fertigen, Knüpffäden nach oben legen, mit den nächsten beiden Fäden über die gleichen Leitfäden wieder einen Weberknoten arbeiten und die Knüpffäden nach oben legen. Wiederholen bis alle Fäden an den 2 mittleren Leitfäden angeknüpft sind (13 Weberknoten). Mit den mittleren 4 Fäden nach ca. 2 cm 1 Brezelknoten ausführen, nach weiteren 2 cm wieder einen Weberknoten knüpfen.

5b) Weberknotenbänder mit den nach oben gelegten Fäden: Jeweils mit den oberen 3 Fäden 15 Weberknoten ausführen, mit 1 Perlknoten am Randmuster anknüpfen (2 Fäden des Randmusters und 2 Fäden des Weberknotenbandes).

2. Band: Je 12 Weberknoten, versetzt 1 Perlknoten (2 Fäden des 1. Weberknotenbandes und 2 Fäden des 2. Bandes).

3. Band: Je 9 Weberknoten, versetzt 1 Perlknoten.

4. Band: Je 6 Weberknoten, versetzt 1 Perlknoten.

6) Randmotiv um je 2 Blätter verlängern.

7) Fortsetzung Mittelmotiv: Mit den äußeren 3 Fäden je 3 Weberknoten, versetzt 1 Perlknoten (2 Fäden des Randmusters, 2 Fäden des Weberknotenbandes) fertigen. Daneben 2 Weberknoten, versetzt 1 Perlknoten, 1 Weberknoten, versetzt 1 Perlknoten, versetzt 1 Perlknoten.

8) Randmuster wie 4) verlängern.

9) Fortsetzung Mittelmotiv: 4 Weberknotenbänder wie oben ausführen (Fäden austauschen und kurze Fäden als Leitfäden in die Mitte nehmen). Weberknotenbänder zur Mitte legen und alle Fäden mit je 1 Weberknoten an den gleichen Leitfäden wie 5a) anknüpfen. Dabei die angeknüpften Fäden nach hinten legen. Einen weiteren Stab mit Rippenknoten anknüpfen.

10) Punkt 3) wiederholen.

11) Abschlußdreiecke aus je 8 Fäden: 2 Weberknoten und versetzt darunter 1 Weberknoten aus je 4 Fäden arbeiten. Von jeder Seite den äußeren Faden als Leitfaden für eine Rippenknotenreihe schräg zur Mitte hin verwenden. Sämtliche Fäden mit Überhandknoten, dicht unter den Rippenknoten, versehen.

12) Die Überhandknoten in wechselnden Abständen wiederholen.

(Foto des ganzen Wandbehangs: Umschlagrückseite)

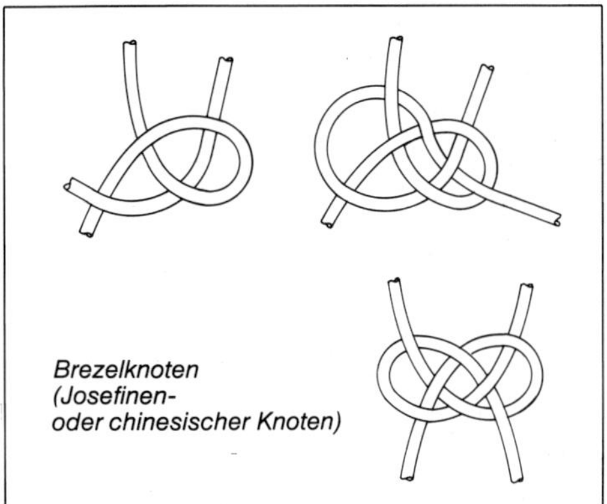

Brezelknoten (Josefinen- oder chinesischer Knoten)

Makramee-Zoo

Die abgebildeten Tiere sind als Anregung gedacht, es auch einmal mit figürlichem Makramee zu versuchen. Nach detailierten Arbeitsanleitungen solche Gebilde zu fertigen, wäre viel zu aufwendig und würde keinen Spaß machen. Mit diesen Makramee-Spielereien sollte sich nur befassen, wer schon so viel geknüpft hat, daß er nach den Fotos arbeiten kann.

Körbchen

Material für Körbchen mit ca. 6 cm ∅:
2 gleich große Ringe, ca. 6 cm ∅
12 Fäden ca. 1 m
12 Fäden ca. 1,20 m
1 Faden ca. 2 m

Arbeitsanleitung:
Beginn wie beim Übertopf Seite 13. 1 Faden zu einer Schlaufe legen und je nach Größe der Bodenfläche die restlichen Fäden einhängen und Weberknotenbänder bis zum Ring knüpfen. Alle Fäden am 1. Ring anknüpfen, die restlichen Fäden dazwischen einhängen. Versetzte Weberknoten bis zum 2. Ring knüpfen. Alle Fäden mit Rippenknoten befestigen und jeden Faden mit einem Überhandknoten versehen. Fäden ausfransen.
Bügel: Ein Stückchen Draht entsprechend zurechtbiegen. Den 2 m langen Faden am oberen Rand einhängen und den Draht mit Weberknoten umknüpfen. Fadenenden am gegenüberliegenden Teil des Ringes anknüpfen.

ISBN 3-7724-0490-1 · Best.-Nr. 772 · © 1981 · 2. Auflage 1981 · Frech-Verlag GmbH + Co. Druck KG Stuttgart
Das Modell „Sara“ fertigte Eugen R. Mazenauer, Chur. Druck: Frech, Stuttgart
Gewerbliche Nutzung der Modelle nur mit Genehmigung der Verfasserin · Anschrift: Auinger Weg 3, 7420 Münsingen